Nan Yar

Кто Я?

Шри Рамана Махарши

Nan Yar

Кто Я?

Сущность духовного учения

Переведено по английскому изданию

NAN YAR

Издательство
Open Sky Press GbR.
Rheinstr. 56, 51371 Hitdorf
office@openskypress.com

Оригинальное издание на английском языке опубликовано в 2024 Open Sky Press GbR. под таким же названием (Who Am I? Nan Yar).

Все права защищены. Никакая часть данной книги не может быть использована или воспроизведена без письменного согласия правообладателя. Для получения дальнейшей информации, пожалуйста, обратитесь в издательство Open Sky Press GbR.

Второе издание

© Open Sky Press GbR. 2024

ISBN 978-3-943544-38-1

Фотографии Элиота Элисофона от Time Life / Getty Images: стр. VI, 28
Фотографии Анри Картье Брессона от Magnum Photo: стр. 90, 93
Фотографии Г. Бойд: стр. 4, 20
Все остальные фотографии: Рамана Ашрам

Напечатано в Индии

OPEN SKY PRESS
www.openskypress.com.ua

Содержание

Введение 1

Шри Рамана Махарши
Биография 7
Важные события в жизни 8
Значение его имени 9

Предисловие Кена Уилбера 11

Кто Я? (Nan Yar) 19

Глоссарий 95
Избранные книги Шри Раманы 100

«Кто Я?»

Когда возникают другие мысли, нужно не следовать за ними, а спросить: «К кому они приходят?». Не имеет значения, сколько появляется мыслей. При возникновении каждой, следует усердно спрашивать: «К кому пришла эта мысль?». Будет приходить ответ: «Ко мне».

Далее, вслед за вопросом «Кто Я?», ум вернется к своему источнику и возникшая мысль успокоится. Повторяя практику таким способом, ум разовьет навык пребывания в своем источнике.

Введение

«Nan Yar», что означает «Кто Я?», – это текст, изначально написанный Шри Раманой Махарши в 1901 году, когда ему исполнился двадцать один год.

В шестнадцатилетнем возрасте, когда Рамана был еще школьником, с ним произошло спонтанное пробуждение. Вскоре после этого Шри Раману привлекла к себе Аруначала, священная гора Южной Индии, которую он впоследствии так никогда и не покинул. В тот период, когда он жил в пещере на склоне горы, к нему пришел человек по имени Шивапракашам Пиллай и задал ряд вопросов.

«Шри Рамана писал свои ответы пальцем на песке, потому что в то время ему трудно было говорить вслух. Благодаря ограничениям такого способа письма, ответы естественным образом получались краткими и емкими.

Шивапракашам Пиллай не записывал эти ответы. С каждым новым вопросом Бхагаван стирал свой предыдущий ответ и выписывал на песке новый. Когда Шивапракашам

Пиллай вернулся домой, он записал то, что смог вспомнить из этой безмолвной беседы.

Примерно двадцать лет спустя Шивапракашам Пиллай оформил эти вопросы и ответы в виде приложения к краткой биографии Шри Раманы, которую он написал и опубликовал. В этой первой опубликованной версии было тринадцать вопросов и ответов.

Преданным последователям Шри Раманы такое изложение его учения пришлось по душе. Рамана Ашрам выпустил это приложение отдельной брошюрой, в которой с каждым новым изданием количество вопросов и ответов росло. В самой длинной версии их было около тридцати.

В какой-то момент, в 1920-х годах, Шри Рамана сам лично переписал эту серию вопросов и ответов в виде эссе, некоторые ответы он при этом уточнил и расширил, а некоторые убрал. Теперь эта работа публикуется под заголовком «Кто Я?» в «Собрании произведений» Шри Раманы, а также в виде этой отдельной небольшой книги. По сути, она представляет собой краткое изложение самим Шри Раманой тех ответов, что он дал более двадцати лет назад».*

«Nan Yar», или «Кто Я?» – небольшая книга Шри Раманы – содержит ядро его учения, при этом особый акцент в ней сделан на Самовопрошании. И хотя Шри Рамана не изучал писания перед тем, как дать свои ответы на эти вопросы в первый раз, эта работа является классическим духовным текстом, который находится в полном соответствии с традициями *веданты** [*индийская философия*] и йоги. Он отвечал на вопросы, заданные ему в тот день, из Истинного Я*, отразив в своих ответах как древнюю мудрость Индии, так и знания своего времени.

Нет сомнения, что та важность, которую Шри Рамана придавал Самовопрошанию как наиболее прямому пути к Самореализации, в последние годы привлекает огромное внимание серьезных духовных искателей Запада. Впрочем, не только учение Шри Раманы достойно внимания, но также и примерный образ его жизни, и *саттвичная** [*чистая*] природа его ума, получившие визуальное отражение в архитектуре его ашрама.

Абзац, которым начинается эссе, не был ответом на вопрос. Этот абзац был добавлен Шри Раманой, когда

он переписывал данную работу в 1920-х годах. Многие философские работы начинаются с утверждений о природе счастья и о тех средствах, которыми оно может быть достигнуто или обнаружено. Шри Рамана также последовал этой традиции.

Издательство «Открытое Небо» с большим удовлетворением приняло решение сделать этот классический текст доступным в новых переводах на несколько европейских языков, сопроводив его множеством фотографий, качество которых было недавно улучшено при помощи цифровой обработки, за которые мы благодарим мистера Сундарама, президента Шри Рамана Ашрама. Также был включен ряд наиболее значимых цитат из учений Шри Раманы.

Джон Дэвид, 2015, Издательство «Открытое Небо».

---

* Аруначала Шива, стр. 53, «Открытое Небо», К. 2015

Бхагаван Шри Рамана Махарши

Мудрец Аруначалы, родившийся в 1879 году, один из наиболее знаменитых современных индийских мудрецов, святой и духовный мастер.

В шестнадцатилетнем возрасте с ним произошло спонтанное пробуждение. Он покинул свой дом в Мадурае и отправился в Тируваннамалай к священной горе Аруначала. Он прожил много лет в одиночестве и тишине на самой горе и в ее окрестностях, никогда больше не покинув ее. В 1920 году был построен существующий ашрам. Здесь он жил и обучал вплоть до своей смерти в 1950 году.

Многие из этих *Маха Риши* [*великие мудрецы*], учеников и преданных, которые получили благодаря ему Самореализацию, преподают своим собственным ученикам практику Самовопрошания, используя вопрос «Кто Я?».

Важные события в жизни Шри Раманы

30 дек. 1879	Родился в Тамилнаду, Южная Индия. Имя, данное при рождении – Венкатараман
Июль 1896	Духовное пробуждение
1 сент. 1896	Прибыл к Аруначале в возрасте шестнадцати лет
1898	Перебрался в Гурумуртхам
1899	Перешел в пещеру Вирупакша в возрасте девятнадцати лет
1901	Дал первое записанное учение «Кто Я?» в возрасте двадцати одного года
1906-07	Начал снова разговаривать
1907	Получил имя Бхагаван Шри Рамана Махарши
1916	В пещеру Вирупакша переехала мать
1917	Перешел в Сканда Ашрам в тридцать семь лет
Май 1922	Умерла мать, и затем Шри Рамана спустился с горы
1920-е	Шри Рамана переписал и опубликовал «Кто Я?» Созданы, примитивные постройки ашрама из бамбука
1927-1942	Построены каменные здания ашрама

1930-е	Визит Пола Брантона
1940-е	Напротив усыпальницы Матери построен новый гранитный Холл
1949	На руке Шри Раманы появилась раковая опухоль. Будучи тяжело больным, перебрался в Комнату Самадхи
14 апреля 1950	В 20:47 Шри Рамана покинул тело

Бхагаван Шри Рамана Махарши

Бхагаван	Живой Бог
Шри	Почетный в смысле прославленный
Рамана	Тот, кто знает, что он Истинное Я, тот кто находится в сердце всего
Маха	Великий
Риши	Мудрый/Чистая Осознанность

Выдающийся мудрец, пребывающий в сердце всего.

Предисловие
Кен Уилбер

Мудрец столетия

Недвойственное ви́дение – в форме *веданты** – драгоценный дар Индии миру, обрело свое наиболее чистое, элегантное и яркое выражение в простом мудреце Аруначалы, Шри Рамане Махарши.

Его реализация пришла к нему полностью сформированной – или, наверное, лучше сказать, полностью бесформенной – и посему не нуждалась в дальнейшем росте. Он просто говорит из и как Абсолют, Истинное Я, чистейшая пустота, служащая целью и основанием всего проявленного мира, и являющаяся ничем иным, чем мир. Шри Рамана, вторя *Шанкаре** [*индийский мудрец*], говорил:

Мир иллюзорен;
Один лишь *Брахман** реален;
Брахман есть мир.

Что такое и где находится это Истинное Я? Как мне пребывать в Этом? Нет сомнений в том, как бы Шри Рамана ответил на эти и практически на все остальные вопросы: «Кто хочет знать? Что в тебе, прямо сейчас, осознает эту страницу? Кто этот Знающий, познающий мир, но который сам не может быть познан? Кто этот Слышащий, который слышит птиц, но сам не может быть услышан? Кто этот Видящий, который видит облака, но сам не может быть увиден?».

И так возникает Самовопрошание, особый дар Шри Раманы миру. У меня есть чувства, но я не являюсь этими чувствами. Кто Я? У меня есть мысли, но я не эти мысли. Кто Я? У меня есть желания, но я не эти желания. Кто Я?

Таким образом вас оттесняет к Источнику вашей собственной осознанности – к тому, что Шри Рамана часто называет «Я-Я», поскольку оно осознает обычное я, или эго. Вас оттесняет обратно в Свидетеля, в «Я-Я», и вы пребываете как я есть То. Я не являюсь ни объектами, ни чувствами, ни желаниями, ни мыслями.

Но тогда люди обычно совершают одну весьма печальную ошибку в этом Самовопрошании. Они думают, что если будут пребывать в Истинном Я, или Свидетеле, они увидят что-то, или что-то почувствуют, нечто по-настоящему потрясающее, особенное, духовное. Но вы не увидите ничего. Если вы видите что-нибудь, это – просто еще один объект, еще одно чувство, еще одно ощущение, еще один образ. Но все это – объекты; те, которыми вы не являетесь.

Нет, если вы пребываете в Свидетеле – осознаёте, что я не есть объекты, я не есть чувства, я не есть мысли – всё, что вы заметите, будет ощущением Свободы, ощущением Освобождения, ощущением Отпускания – высвобождения от жуткого удушья отождествленности с этими маленькими конечными объектами, с маленьким телом, маленьким умом и маленьким эго, которые все являются объектами, которые можно увидеть, и потому не являющихся настоящим Видящим, Истинным Я, чистым Свидетелем, то есть тем, что вы есть на самом деле.

Поэтому ничего особенного вы не увидите. Все, что появляется, нормально. Облака проплывают по небу, чувства проплывают по телу, мысли проплывают по уму, и вы можете без усилий все это свидетельствовать. Они все спонтанно возникают в вашем собственном присутствующем, спокойном, безусильном осознании. И это свидетельствующее осознание само по себе не является ничем конкретным, что вы можете видеть. Это просто обширное, фоновое ощущение Свободы, или абсолютной Пустоты, и в этой абсолютной Пустоте, которой вы являетесь, возникает весь проявленный мир. Вы и есть эта Свобода, Открытость, Пустота, а не какой бы то ни было маленький конечный объект, возникающий в ней.

Покоясь в таком пустом, свободном, спокойном, безусильном свидетельствовании, замечайте, что в бескрайнем пространстве вашей осознанности появляются облака. Облака появляются внутри вас — настолько внутри, что вы можете почувствовать вкус облаков, вы едины с облаками, они настолько близко, что как будто находятся по эту сторону вашей кожи. Небо и ваша осознанность стали единым, и всё, что проплывает по небу, проплывает без усилий через ваше собственное сознание. Вы можете поцеловать солнце, проглотить гору — они настолько близко. Дзен говорит: «Проглоти Тихий океан одним глотком», и это проще всего на свете, когда внутри и снаружи больше нет двух, когда субъект и объект больше не два, когда видящий и видимое являются Одним Вкусом.

Итак: мир иллюзорен, что означает, что вы не являетесь вообще ни каким объектом – ничто из того, что можно видеть, не является совершенно реальным. Вы – *нети-нети*, ни это, ни то. И ни при каких обстоятельствах вам не следует основывать свое спасение на том, что конечно, временно, преходяще, иллюзорно, усиливает страдания и вызывает агонию.

Только *Брахман** [*абсолютная реальность*] реален, только Истинное Я (неопределимый *Брахман-Атман**) реально – абсолютный Свидетель, вневременной Нерожденный, бесформенный Видящий, полное «Я-Я», лучистая Пустота – это то, что реально, и единственно реально. Это ваше состояние, ваша природа, ваша сущность, ваше настоящее и будущее, ваше желание и ваша судьба, и при этом оно вечно существует как чистое Присутствие, оно одно есть Одно.

Брахман есть мир. Пустота и Форма – это не-два. После того, как вы осознаете, что проявленный мир иллюзорен, и после того, как вы осознаете, что один лишь Брахман реален, вы сможете видеть, что абсолютное и относительное недвойственно, тогда вы сможете видеть, что *нирвана** и *самсара** это не-два, тогда вы сможете осознать, что Видящий и всё видимое – не-два, *Брахман* и мир – не-два, что все это на самом деле означает звук поющих птиц! Весь мир Форм существует не где-нибудь, а в вашем собственном настоящем Бесформенном Осознании: вы можете выпить Тихий океан одним глотком, поскольку весь мир буквально существует в вашем чистом Истинном Я, вечно существующем огромном «Я-Я».

Последнее и самое важное: Шри Рамана напомнил бы нам, что чистое Истинное Я – и, следовательно, великое Освобождение – не может быть достигнуто, так же как вы не можете достичь своих ног или обрести свои лёгкие. Вы уже осознаёте небо, вы уже слышите звуки вокруг, вы уже свидетельствуете этот мир. Сто процентов просветленного ума или чистого Истинного Я присутствует прямо сейчас, не девяносто девять, а сто процентов.

Как постоянно указывал Шри Рамана, если Истинное Я (или знание Истинного Я) – это нечто появляющееся, если ваша реализация имеет начало во времени, – тогда это всего лишь еще один объект, еще одно проходящее событие, конечное, временное состояние. Не существует достижения Истинного Я – Истинное Я читает эту страницу. Не существует поиска Истинного Я – оно смотрит через ваши глаза прямо сейчас. Не существует обретения Истинного Я – оно читает эти слова. Вы просто абсолютно не в состоянии обрести то, чего никогда не теряли. И если вы обретаете что-то, то Шри Рамана бы сказал, что это очень хорошо, но это не Истинное Я.

Поэтому, когда вы читаете следующие строки величайшего в мире мудреца, я бы посоветовал: если вы думаете, что не понимаете Истинное Я или Дух, тогда побудьте в том, что не понимает, именно это и будет Духом. Если вы считаете, что не совсем улавливаете, что такое Истинное Я или Дух, тогда побудьте в том, что не совсем улавливает, и именно это и есть Дух. Поэтому, если вы думаете, что понимаете Дух, то это и есть Дух. Если вы думаете, что не понимаете, то это Дух. И посему мы можем закончить самым великим и секретным посланием Шри Раманы: Пробуждённый ум нетрудно обрести, но невозможно избежать.

Кен Уилбер 1999

Nan Yar

Шри Рамана Махарши

Примечания для читателей

Оригинальный текст Раманы Махарши представлен здесь в полном соответствии с его собственной редакцией, которую он сделал в 1920-х годах. Если в тексте встречается слово на санскрите, за ним в скобках курсивом дается его значение. Слова на санскрите, которые есть в Глоссарии, помечены в тексте звездочкой*. Там, где употребляются специфические термины, в квадратных скобках курсивом дается их пояснение. Слова и выражения в круглых скобках являются частью оригинального текста. Для некоторых ответов (например, для ответа на первый вопрос) после оригинального текста приводится его суть, выраженная простым современным языком. Такое дополнение дается курсивом, в квадратных скобках. Тем самым мы хотим сделать этот важный текст более доступным для обычного современного читателя.

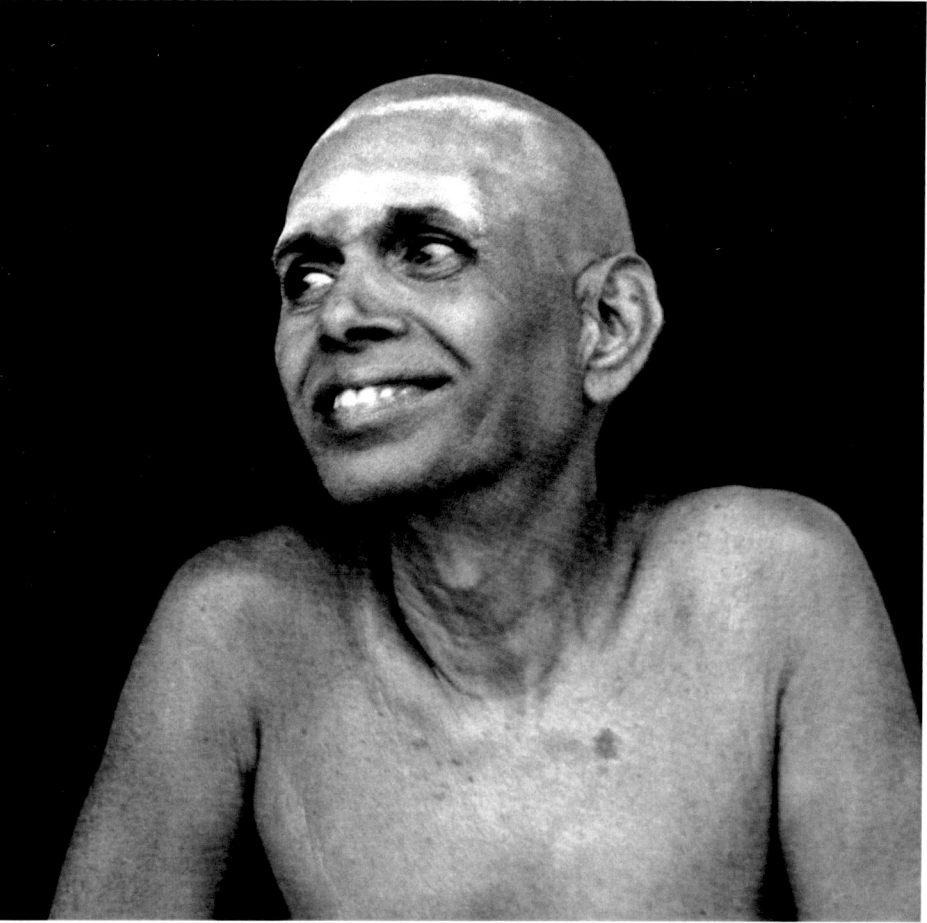

Nan Yar

Кто Я?

Все живые существа хотят всегда быть счастливыми без каких-либо страданий. В каждом есть видимая высшая любовь к себе, и счастье само по себе – причина любви. Поэтому для обретения счастья, истинной природы каждого, которое переживается в состоянии глубокого сна, где нет ума, следует познать себя. Главное средство для достижения этого – Путь Знания, исследование в форме вопроса «Кто Я?».

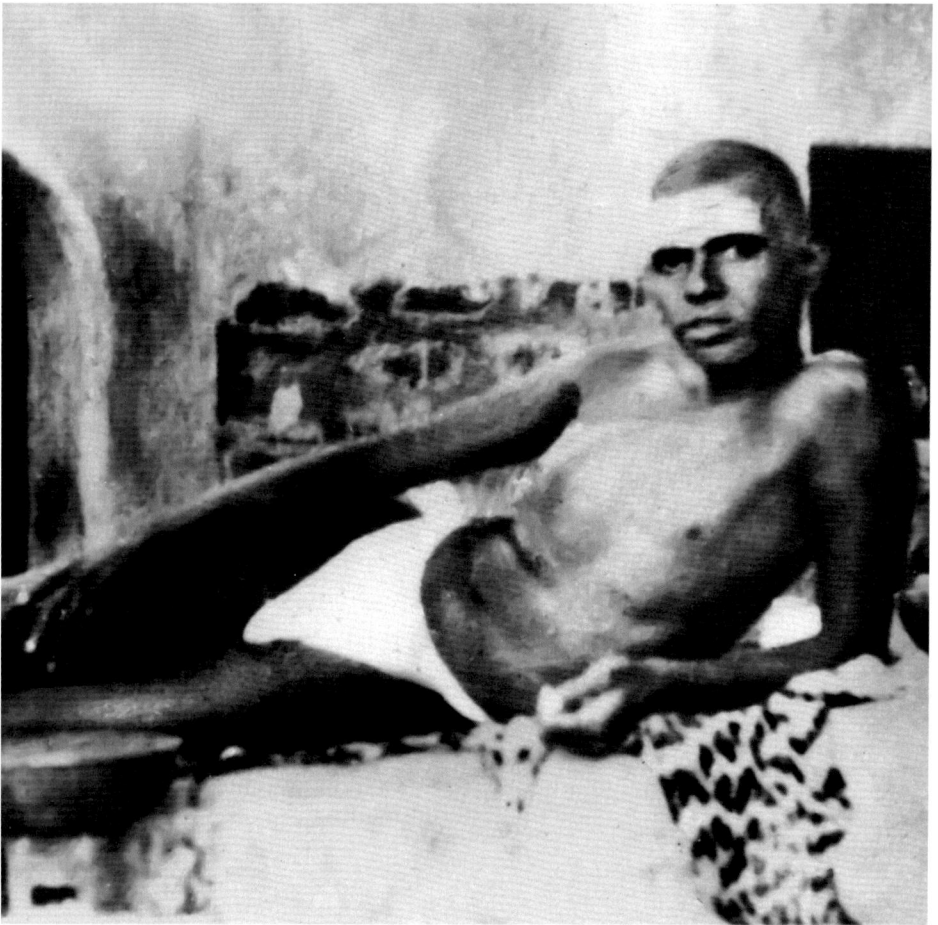

1. Кто Я?

Плотное [*физическое*] тело, состоящее из семи основных тканей (*дхату*) не есть «Я». Пять органов чувственного восприятия, а именно: слух, осязание, зрение, вкус и обоняние, которые познают соответствующие им объекты: звук, прикосновения, цвет, вкус и запах – не есть «Я». Другие пять органов чувственного восприятия, то есть органы речи, передвижения, хватания, выделения и наслаждения – не есть «Я». Пять жизненных сил, таких как *прана*, которые, соответственно, выполняют пять функций – дыхания и т.д., – не есть «Я». Даже мыслящий ум не есть «Я». Также и неведение, содержащее лишь остаточные впечатления от объектов, и где нет ни объектов, ни деятельности – не есть «Я».

[*Я не являюсь ни физическим телом, ни пятью чувствами, ни думающим умом. Я не есть также бессознательное, в котором содержатся тенденции ума, и которое остается даже в глубоком сне.*]

Вы – действительно бесконечная,
чистая Сущность, Абсолют Истинного Я.
Вы всегда являетесь им
и ничем иным, кроме этого Истинного Я.

2. Если я не являюсь ничем из этого, тогда кто Я?

После отрицания всех вышеперечисленных «не это», «не это» – единственно оставшаяся Осознанность и есть «Я».

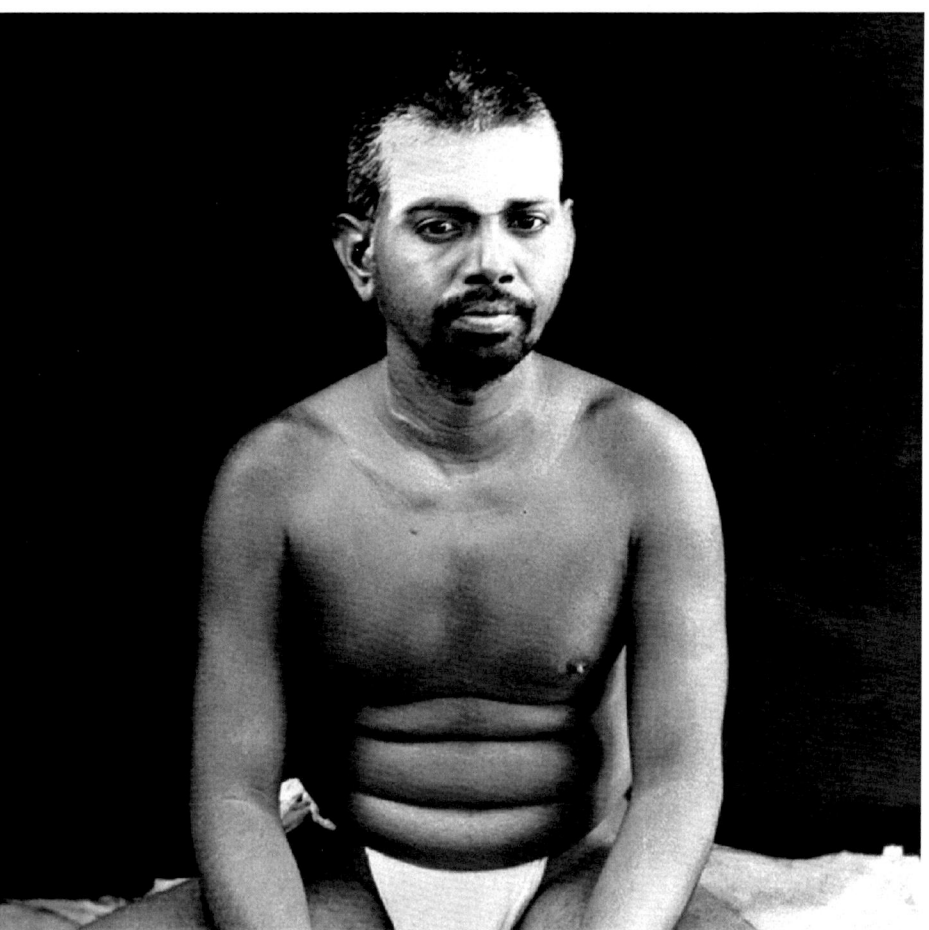

3. Какова природа Осознанности?

Природа Осознанности есть Бытие-Сознание-Блаженство.

4. Когда будет достигнуто осознание Истинного Я?

Когда мир как то-что-видимо будет устранен, произойдет осознание Истинного Я, которое есть Видящий.

[*Когда воспринимаемый мир не будет приниматься как нечто реальное, произойдет осознание Истинного Я, которое является тем, кто видит.*]

Джняни* всецело осознает,
что истинное состояние бытия
остается неподвижным
и все действия происходят вокруг него.
Его природа неизменна,
Он смотрит на всё с безразличием
и сам пребывает в блаженстве.

5. Не может ли Истинное Я быть осознано, пока мир есть (воспринимается как реальный)?

Нет, не может.

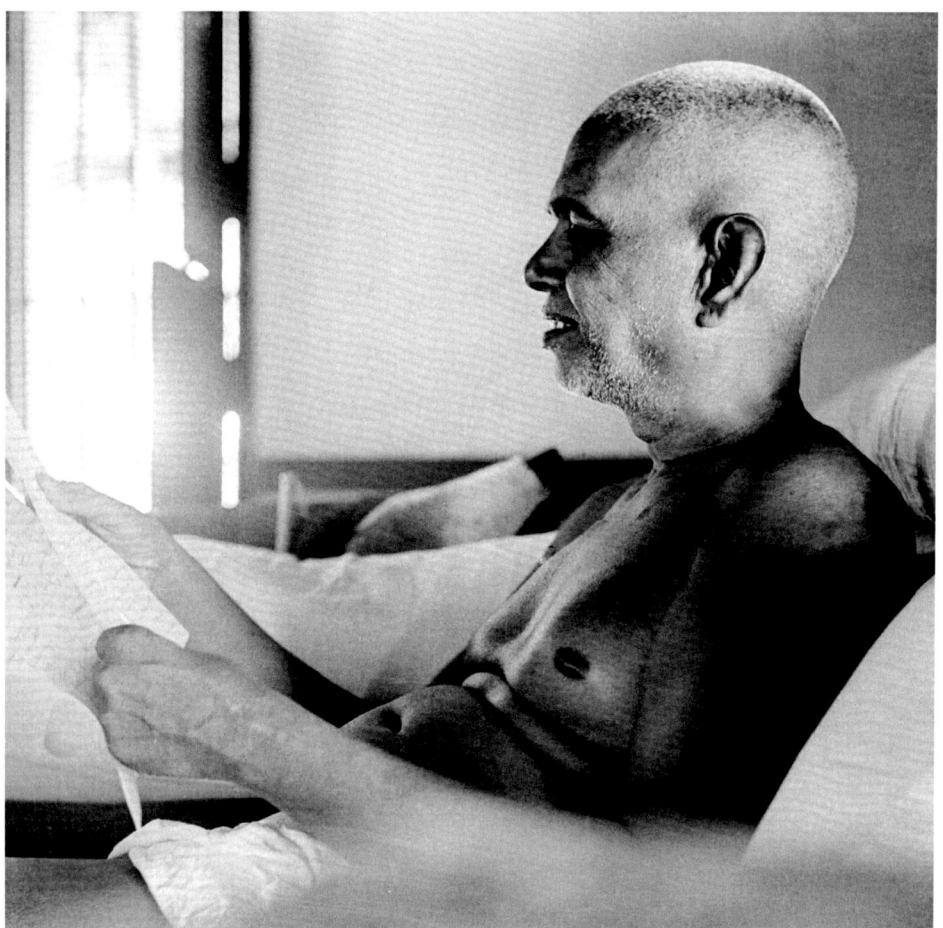

6. Почему?

Видящий и видимый им объект – как веревка и змея. Точно так же как знание о веревке, как о реальной основе [*сущности*], не появится, пока не исчезнет ложное знание об иллюзорной змее, так и осознание Истинного Я, как реальной основы, не наступит, пока не устранена вера в реальность мира.

7. Когда мир как видимый объект будет устранен?

Когда ум, причина всего познания и всех действий, станет неподвижным, мир исчезнет.

Если мы оставим в стороне
все мысли и посмотрим,
то не останется ума, как отдельной вещи.
Кроме как в мыслях,
не существует такой вещи как мир.

8. Какова природа ума?

То, что называют «умом», – удивительная сила, пребывающая в Истинном Я. Она – причина всех возникающих мыслей. Отдельно от мыслей не существует такой вещи как ум. Поэтому мысль является природой ума. Отдельно от мыслей нет независимой сущности, называемой «миром». В глубоком сне нет мыслей и нет мира. В состояниях бодрствования и сновидений есть мысли и также есть мир. Точно так же как паук выпускает из себя нить (паутины) и снова ее втягивает, так и ум проецирует из себя мир и затем снова его в себе растворяет.

[*Продолжение на следующей странице*]

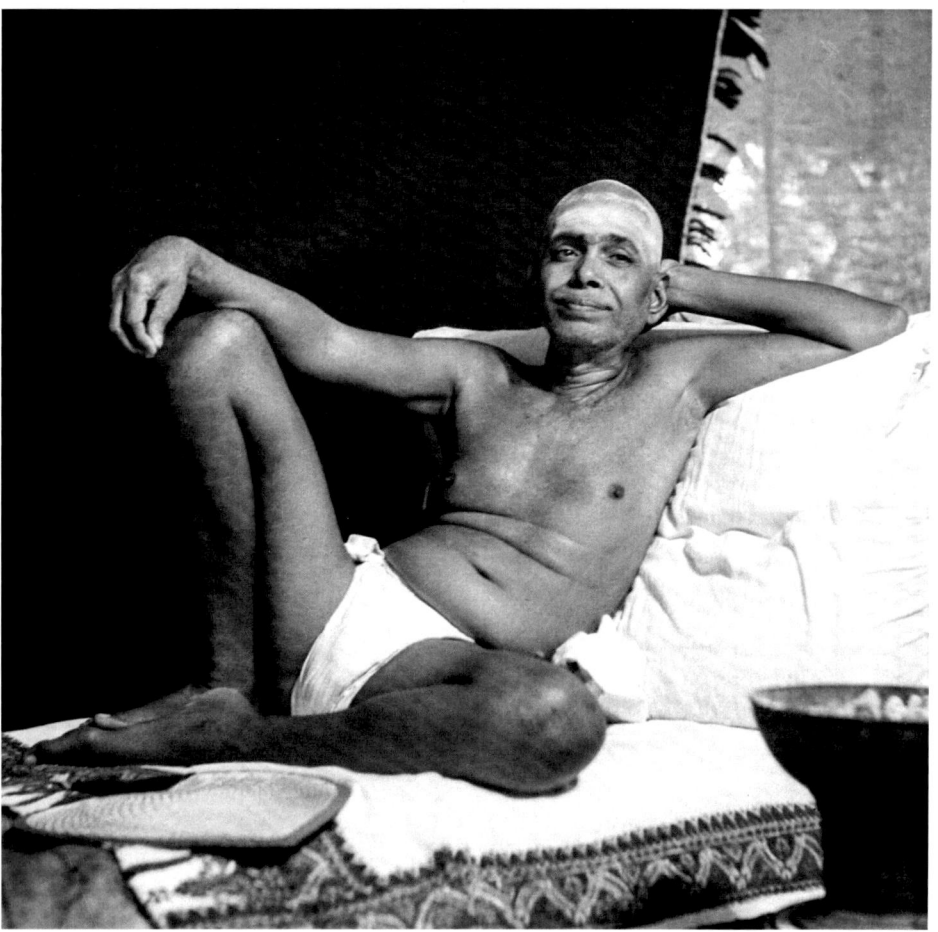

[*Продолжение вопроса 8*]

Когда ум выходит из Истинного Я, появляется мир. Следовательно, когда мир появляется (кажется реальным), Истинное Я не появляется; когда же Истинное Я появляется (сияет), мир не появляется [*не принимается за нечто реальное*]. Если настойчиво исследовать природу ума, то он исчезнет, оставив Истинное Я (как остаток). То, что относят к Истинному Я, есть *Атман**. Существование ума всегда зависит от чего-то плотного [*физического*], он не может быть сам по себе. Именно ум [*эго*] называют тонким телом или душой (*дживой**).

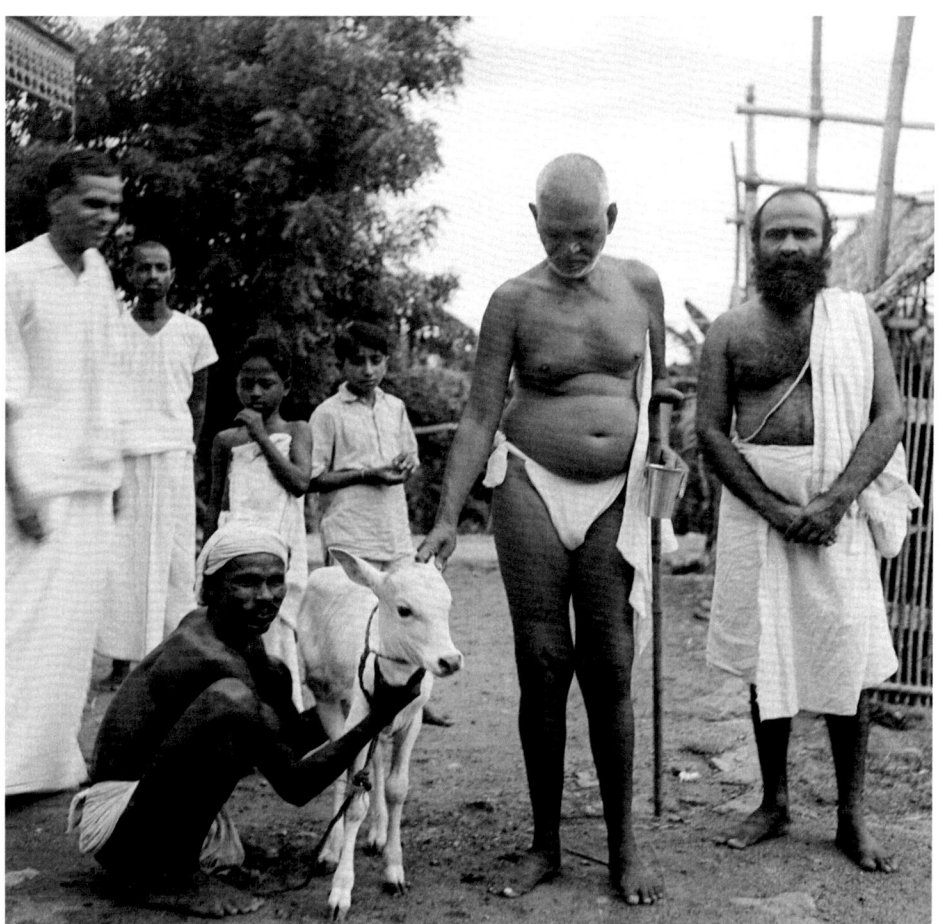

9. В чем состоит путь исследования для понимания природы ума?

То, что возникает в физическом теле как «я», есть ум. Если исследовать, откуда в теле впервые возникает «я»-мысль, выяснится, что она приходит из Сердца [хридайам*, *духовного сердца*]. Это место – Источник ума. Даже если человек постоянно думает «я, я», он все равно будет приведен к этому Источнику. Из всех мыслей, возникающих в уме, «я»-мысль – первая, только после нее возникают другие мысли. Только после появления местоимения первого лица [*я*] появляются местоимения второго и третьего лица [*ты, вы, он/она, они*]; без местоимения первого лица не может быть ни второго, ни третьего.

Просто отбросьте все поиски,
направьте ваше внимание вовнутрь
и принесите ваш ум в жертву
Единому Истинному Я, сияющему
в Сердце самого вашего существа.

10. Как ум станет неподвижным?

Вопрошая «Кто Я?». Мысль «Кто Я?» уничтожит все мысли и, подобно палке для перемешивания погребального костра, в конце концов, сама будет уничтожена. Тогда и наступит Самореализация.

11. Каковы средства для постоянного удержания мысли «Кто Я?»

Когда возникают другие мысли, нужно не следовать за ними, а спросить: «К кому они приходят?». Не имеет значения, сколько появляется мыслей. При возникновении каждой следует усердно спрашивать: «К кому пришла эта мысль?». Будет приходить ответ: «Ко мне». Далее, вслед за вопросом «Кто Я?», ум вернется к своему источнику, и возникшая мысль успокоится. Повторяя практику таким способом, ум разовьет навык пребывания в своем источнике.

Только когда тонкий ум движется вовне через мозг и органы чувств, появляются плотные [*имеющие отношение к физическому миру*] имена и формы. Но когда он пребывает в Сердце – имена и формы исчезают.

[*Продолжение на следующей странице*]

[*Продолжение вопроса 11*]

Не позволять уму выходить вовне и удерживать его в Сердце – это то, что называется «направленностью вовнутрь» (*антармукха*). Позволение уму выходить из Сердца известно как «направленность вовне» (*бахирмукха*).

Таким образом, когда ум находится в Сердце, «я» – источник всех мыслей – исчезнет, и тогда вечно существующее Истинное Я засияет. Чем бы ты ни занимался, делай это без эгоистичного «я». Если действовать таким образом, то все проявится как природа *Шивы** (Бога).

Найдите того, к кому приходят мысли.
Откуда они возникают?
Они должны появляться
из сознательного Истинного Я.
После этого становится возможным
осознание единого
Бесконечного Существования.

12. Нет ли других средств для достижения неподвижности ума?

Кроме вопрошания нет других подходящих средств. Если другими средствами пытаться контролировать ум, покажется, что он под контролем, но он все равно вырвется. Через контроль дыхания ум также можно успокоить, но он остается спокойным только во время контроля дыхания, тогда как при его отпускании ум снова придет в движение и будет блуждать, подталкиваемый [*ведомый*] остаточными впечатлениями [*мыслями*]. Источник един как у ума, так и у дыхания.

Мысль поистине есть природа ума, мысль «я» – первая в уме, и она есть эго. Это то, откуда берет начало эго, и где начинается дыхание. Поэтому когда ум успокаивается, тогда и дыхание находится под контролем, а когда дыхание контролируется, тогда и ум становится спокойным. Но в глубоком сне, хотя ум неподвижен, дыхание не останавливается.

[*Продолжение на следующей странице*]

[*Продолжение вопроса 12*]

Это происходит по воле Бога, для того чтобы тело сохранялось и окружающим не показалось, что оно мертвое. В состоянии бодрствования и *самадхи** [*проблеск Истинного Я*], когда ум неподвижен, дыхание находится под контролем. Дыхание – плотная [*физическая*] форма ума. До момента смерти ум сохраняет дыхание в теле, но когда тело умирает, ум забирает дыхание вместе с собой. Поэтому упражнения на контроль дыхания – лишь помощь в остановке ума (*манониграха*), но они его не уничтожают (*манонаша**).

Как и практики контроля дыхания, медитации на формы Бога, повторение *мантр** [*священных звуков*], ограничения в еде, и т.д. – это всего лишь вспомогательные средства для остановки ума.

[*Продолжение на следующей странице*]

[*Продолжение вопроса 12*]

Благодаря медитации на формы Бога или повторению *мантр* ум становится однонаправленным, но он всегда останется блуждающим. Точно так же как цепь, которую дают в хобот слону, не позволяет ему двигаться никуда кроме направления цепи, так и ум, занятый именем и формой, будет держаться только за них.

Когда ум рассеивается бесчисленными мыслями, каждая мысль слабеет, но когда мысли растворяются, ум становится однонаправленным и сильным. Для такого ума Самовопрошание будет легким. Из всех ограничивающих правил наилучшее то, которое относится к приему *саттвичной** [*чистой*] пищи в умеренных количествах. Соблюдая это правило, *саттвичные* качества ума усилятся, что поможет в Самовопрошании.

Самовопрошание напрямую ведет к Самоосознанию, устраняя преграды, которые заставляют тебя думать, что Истинное Я все еще не осознано.

13. Остаточные впечатления (мысли) от объектов бесконечно появляются как волны в океане. Когда все они будут уничтожены?

По мере того, как медитация на Истинное Я становится все глубже и глубже, мысли будут разрушаться.

14. Возможно ли растворить остаточные впечатления от объектов, пришедшие из безначального времени, и оставаться чистым Истинным Я?

Не поддаваясь сомнениям «Возможно это или нет?», следует настойчиво медитировать на Истинное Я. Даже великому грешнику не стоит переживать и причитать: «Увы, я – грешник, как же я могу быть спасен?». Следует полностью отказаться от мысли «я – грешник», сконцентрироваться и усердно медитировать лишь на Истинное Я, тогда непременно придет успех.

Ум не разделяется на два вида – хороший и плохой; есть лишь один ум. Это остаточные впечатления [*мысли*] бывают двух видов – благоприятные и неблагоприятные. Когда ум находится под влиянием благоприятных впечатлений – его называют хорошим, когда же он находится под влиянием неблагоприятных впечатлений – его считают плохим.

[*Продолжение на следующей странице*]

[*Продолжение вопроса 14*]

Не следует позволять уму уходить в сторону мирских объектов и того, что заботит других людей. Какими бы плохими другие люди ни были, не следует испытывать ненависть к ним. Следует сторониться [*избегать*] как желаний, так и ненависти.

Все, что человек дает другим, он дает себе. Понимая эту истину, кто откажется отдавать другим? Если появляется собственное «я», появляется все вокруг, если собственное «я» утихает [*становится неподвижным*], то и все вокруг также утихает. Чем смиреннее мы себя ведем, тем лучше будут результаты. Если ум приведен в состояние неподвижности, жить можно где угодно.

Существует состояние, при котором
слова утихают и преобладает безмолвие.
Безмолвие — это океан,
в который впадают все реки всех религий.
Это язык Истинного Я.
То, что Есмь, есть Безмолвие.

15. Как долго следует практиковать Вопрошание?

Пока в уме остаются впечатления об объектах, необходимо вопрошать «Кто Я?». Как только мысли появляются, они должны быть уничтожены тотчас же и там же – в самом месте их происхождения – посредством вопрошания. Если непрерывно пребывать в созерцании Истинного Я до тех пор, пока оно будет достигнуто, то одного этого уже достаточно. Пока в крепости есть враги, они будут продолжать делать вылазки. Если их уничтожать по мере появления, то крепость падет к нашим ногам.

16. Какова природа Истинного Я?

То, что существует на самом деле, есть одно лишь Истинное Я. Мир, индивидуальная душа и Бог – ви́дения, возникающие в нем, как отлив серебра в перламутре. Все три одновременно появляются и исчезают в нем. В Истинном Я абсолютно нет «я»-мысли. Это то, что называется «Тишина». Само Истинное Я есть мир, само Истинное Я есть «Я», само Истинное Я есть Бог. Всё суть *Шива*, Истинное Я.

17. Не все ли является деянием Бога?

Солнце всходит без желания, принятия решения или усилий. Но от одного его присутствия искрится драгоценный камень, лотос расцветает, вода испаряется, люди выполняют свои различные функции и отдыхают. Также как в присутствии магнита движется иголка, так и благодаря лишь присутствию Бога, души, управляемые тремя (космическими) предназначениями [*сотворение, поддержание жизни, растворение*] или пятеричной божественной деятельностью [ведическая *теория мироздания*], выполняют свои действия и затем приходят к покою, в соответствии с их *кармой** [*космическим законом*].

Бог не имеет намерения, никакая *карма* не затрагивает его. Это подобно тому, как земные действия не затрагивают Солнце или как достоинства и недостатки других четырех первоэлементов не влияют на всепроникающее пространство.

Бог или *гуру** никогда не отвернется
от сдавшегося преданного.
Бог принимает форму *гуру* и
является перед преданным,
обучая его Истине,
и очищая его ум через общение.

18. Кто величайший из преданных?

Тот, кто полностью отдает себя Истинному Я, то есть Богу, и есть самый замечательный преданный. Отдавать собственное «я» Богу означает постоянно пребывать в Истинном Я, не оставляя места ни для одной мысли, кроме как об Истинном Я.

Какие бы ноши не ложились на Бога, он несет их. Так как все в этом мире приводится в движение высшей волей Бога, зачем нам, не подчиняясь ей, беспокоить себя мыслями о том, что должно быть сделано и как, а что – нет? Если мы знаем, что поезд везет все грузы, тогда зачем нам, сев на поезд, испытывать дискомфорт, держа на голове свой небольшой багаж, если можно его положить и чувствовать себя легко?

19. Что такое непривязанность?

Непривязанность – уничтожение по мере возникновения, полностью и без остатка, всех мыслей в самом месте их происхождения. В точности как ловец жемчуга привязывает к поясу камень, погружается на дно моря и достает там жемчуг, так и каждый из нас должен запастись непривязанностью, нырнуть вглубь себя и добыть жемчужину Истинного Я.

20. Может ли Бог и *Гуру* повлиять на освобождение души?

Бог и *Гуру* лишь укажут путь к освобождению, сами они не приведут душу к состоянию освобождения. Поистине Бог и *Гуру* – не отличаются.

Точно так же как жертве, попавшей в пасть тигра, уже не убежать, так и тот, кто попал в пределы милостивого взгляда [*присутствия*] *Гуру*, будет им спасен и не пропадет. И все же, каждому следует прикладывать собственные усилия, следуя по пути, указанному Богом или *Гуру*, чтобы обрести освобождение.

Человек может познать себя только собственным Глазом Знания, не чьим-то чужим. Разве тому, кто является Рамой, нужно смотреть в зеркало, чтобы узнать, что он – Рама?

Вы есть осознанность.
Осознанность – ваше другое имя.
Поскольку вы есть осознанность,
нет нужды достигать
или культивировать ее.

21. Необходимо ли тому, кто ищет освобождения, исследовать природу первоэлементов (*таттв*) [*ведическая система категорий для описания реальности*]?

Так же как тому, кто хочет выбросить мусор, нет необходимости его разбирать и анализировать, так и желающему осознать Истинное Я нет необходимости подсчитывать количество первоэлементов нашего мира или исследовать их характеристики. Ему необходимо отбросить все первоэлементы, скрывающие Истинное Я. Мир следует воспринимать как сновидение.

22. Между бодрствованием и сном нет разницы?

Бодрствование длительно, сон короткий – вот единственное различие между ними. Как события бодрствования кажутся реальными лишь во время бодрствования, так и события в сновидениях кажутся настоящими во время сна. Во сне ум принимает другое тело. Как в бодрствовании, так и в сновидении мысли, имена и формы возникают одновременно.

23. Есть ли какая-либо польза в чтении книг для тех, кто стремится к освобождению?

Все писания говорят, что для достижения освобождения необходимо привести ум в состояние неподвижности. Поэтому суть этих учений состоит в необходимости успокоить ум. Как только это становится понятным, нет необходимости в бесконечном чтении.

Для успокоения ума человеку необходимо лишь исследовать внутри себя то, что есть его Истинное Я. Как этот поиск может быть проведен в книгах? Следует познать свое Истинное Я собственным Глазом Мудрости. Истинное Я находится внутри пяти оболочек, а книги находятся снаружи их. Поскольку Истинное Я должно быть исследовано путем отбрасывания пяти оболочек [*тело, дыхание, ум, интеллект, неведение*], тщетно пытаться отыскать его в книгах. Книги находятся вне оболочек, поэтому бесполезно его искать там. Приходит время, когда необходимо забыть все, что человек узнал.

Местонахождение реализации — внутри,
и ищущий не сможет найти ее
как некий объект вне себя.
Это местонахождение есть блаженство
и является сутью всех существ.

24. Что есть счастье?

Счастье – это сама природа Истинного Я. Счастье и Истинное Я не различаются. Ни в одном объекте внешнего мира нет счастья. Из-за нашего неведения мы представляем, что получаем счастье от внешних объектов. Когда ум идет вовне, он испытывает страдание. В действительности, когда желания ума исполняются, он возвращается на свое место и наслаждается счастьем, которое и есть Истинное Я. Подобно этому, в состояниях сна, *самадхи*, обморока, и когда желаемое достигнуто, а нежелаемое – устранено, ум становится направленным вовнутрь и наслаждается чистым Истинным Я – Счастьем.

Таким образом, ум попеременно то выходит из Истинного Я, то возвращается в него, не зная покоя. В тени дерева приятно, вне ее – обжигающая жара. Человек, попавший в тень после пребывания на солнце, чувствует прохладу.

[*Продолжение на следующей странице*]

[*Продолжение вопроса 24*]

Глупец тот, кто продолжает выходить из тени на солнце и снова возвращается в тень. Мудрый человек постоянно остается в тени.

Подобным образом, ум того, кто познал Истину, уже не покинет *Брахман** [*абсолютную реальность*]. Ум невежественного человека, наоборот, вращается в миру, испытывает страдания, и лишь ненадолго возвращается в *Брахман*, чтобы испытать счастье. На самом деле то, что называют «миром» – всего лишь мысль. Когда мир исчезает, то есть мысли отсутствуют, ум переживает счастье. Когда мир появляется – ум переживает страдание.

25. Что такое проницательная мудрость (*джняна-дришти*)?

Оставаться спокойным — вот что называется проницательной мудростью. Сохранять спокойствие означает растворять ум в Истинном Я. Ни телепатия, ни знание прошлых, настоящих или будущих событий, ни ясновидение не составляют проницательную мудрость.

«Отсутствие желаний» —
величайшее блаженство.
Это можно осознать только через опыт.
Даже император не сравнится
с человеком, у которого нет желаний.

26. Какая связь между отсутствием желаний и мудростью?

Отсутствие желаний есть мудрость. Они неразличимы, они суть одно и то же. Отсутствие желаний сдерживает ум от направленности на любые объекты. Мудрость означает отсутствие возникновения каких-либо объектов. Другими словами, отсутствие поиска чего-либо, кроме Истинного Я, есть непривязанность или отсутствие желаний. Не выходить из Истинного Я – это мудрость.

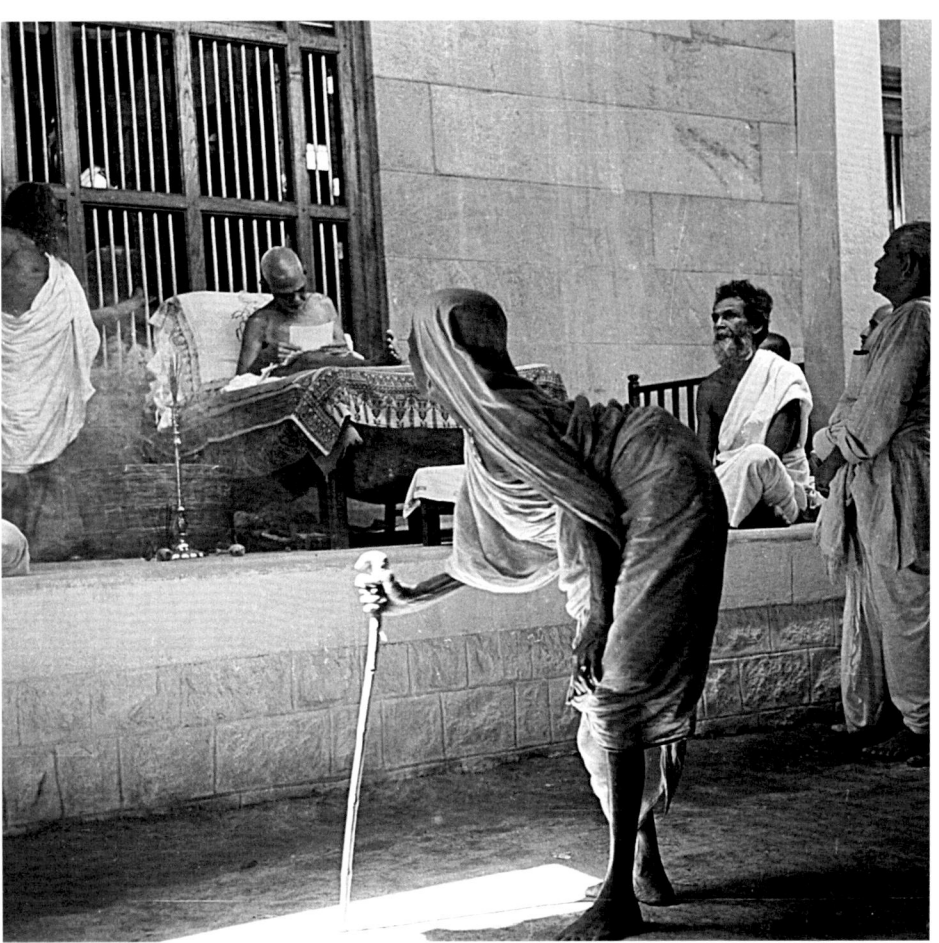

27. В чем разница между Вопрошанием и медитацией?

Суть Вопрошания – в удержании ума в Истинном Я. Медитация заключается в мысленном сосредоточении на том, что «я» есть *Брахман*, Бытие-Сознание-Блаженство.

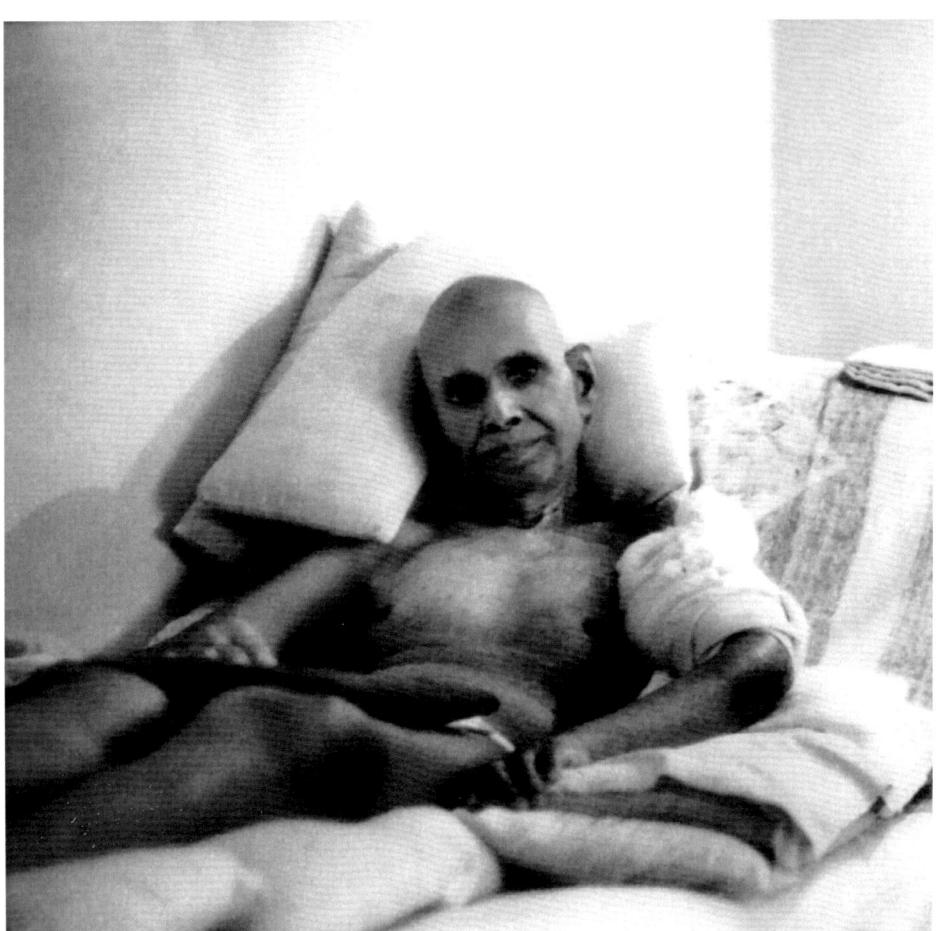

28. Что такое освобождение?

Исследование природы собственного «я», находящегося в оковах, и осознание своей истинной природы – это и есть освобождение.

Глоссарий

Атман — Глубинное Истинное Я, или Дух человека.

Брахман — Безличностная, абсолютная реальность – Истинное Я.

Веданта — Философия, которая происходит из *Упанишад*, последней части *Вед*.

Гуру — Букв.: Тот, кто устраняет неведение. Учитель в религиозном или духовном смысле, как правило, в буддизме и индуизме. Тот, кто показывает, что вы такие же, как и он/она. Найти истинного *гуру* считается важным предварительным условием для обретения самореализации.

Джива	Индивидуальная душа, которая будет перерождаться до освобождения. В сущности, она едина с Вселенской Душой.
Джняни	Тот, кто осознал Истинное Я. Тот, кто достиг реализации путем знания, в смысле знания того, что реально, а что нереально.
Истинное Я	Термин, преимущественно используемый для перевода слова *Атман*; неизменяющаяся осознанность, самосознание.
Карма	Космический закон причин и следствий, результат прошлых действий индивидуума, который, как считается, в определенный момент неизбежно возвращается к нему; общая совокупность достоинств и недостатков всех прошлых действий индивидуума.

Манонаша	Букв.: угасание ума. В частности означает разрушение думающего ума, поскольку практический ум необходим для бытового функционирования.
Мантра	Священный звук. В традиции индуизма звук из *Вед*. Повторяется вслух или в уме, и используется как вспомогательное средство в достижении концентрации ума. Наиболее известная *мантра* – изначальный звук ОМ.
Нирвана	Угасание, подобно пламени. Полное уничтожение желаний, страстей и эго; освобождение, характеризующееся ощущением свободы и блаженства.
Самадхи	Непосредственное, но временное переживание Истинного Я. Переживающий субъект становится единым с переживае-

	мым объектом, ум становится неподвижным. Также термин используется для обозначения усыпальницы святого.
Самсара	Непрерывный цикл рождений и смертей, вызванный иллюзией и желаниями.
Саттвичный	Чистый, обладающий природой *сат* (Истины). Также употребляется в контексте диеты, способствующей самореализации.
Хридайам	Букв.: «это есть центр». Обычно переводится как «сердце» или «духовное сердце». По словам Раманы Махарши: «Сердце означает саму глубинную суть человеческого существа, Истинное Я, без которого не существует ничего».

Шива Одно из имён Бога, или Истины. В индуистской мифологии *Шива* (разрушитель), *Брахма* (создатель) и *Вишну* (спаситель) являются тремя основными божествами.

Шанкара *Ади Шанкара* – индийский мудрец 9-го века, считающийся самой влиятельной фигурой в *адвайта веданте*.

Избранные книги Шри Раманы
Ассортимент изданий по Шри Рамане

Be As You Are – The Teachings of Sri Ramana Maharshi
(Будь тем кто ты есть – Учение Шри Раманы Махарши)
edited by David Godman, Penguin Books, 1985

Day by Day with Bhagavan
(День за днем с Бхагаваном)
from the Diary of A. Devaraja Mudaliar,
Sri Ramanasramam, Tiruvannamalai, 2002

Guru Ramana (Гуру Рамана)
S.S. Cohen, Sri Ramanasrasram
Tiruvannamalai, 1974 edition

Self-Inquiry (Vicharasangraham) of Sri Ramana Maharshi
(Самовопрошание (Вичарасанграхам) Шри Раманы Махарши)
translated by Dr T.M.P. Mahadevan, Sri Ramanasramam, Tiruvannamalai, 1994

Talks with Sri Ramana Maharshi
(Беседы с Шри Раманой Махарши)
compiled by Sri Munagala Venkataramiah,
Sri Ramanasramam, Tiruvannamalai,
1st edition, 1955

The Collected Works of Ramana Maharshi
(Собрание сочинений Шри Раманы Махарши)
Sri Ramanasramam, Tiruvannamalai,
6th revised edition, 1996

The Last Days and Maha Nirvana of Bhagavan Sri Ramana
(Последние дни и Маха Нирвана Бхагавана Шри Раманы)
Viswanatha Swami, Arthur Osborne and T.N. Krishnaswamy, Sri Ramanasrama, Tiruvannamalai, 1997

Книжный магазин Рамана Ашрама
Тируваннамалай, Южная Индия
bookstall@sriramanamaharshi.org
www.bookstore.sriramanamaharshi.org

ИЗДАТЕЛЬСТВО «ОТКРЫТОЕ НЕБО»
Издание духовных книг высокого качества

Дань глубокого уважения к Шри Рамане Махарши

Аруначала Шива представляет богатую нюансами картину жизни Шри Раманы, здесь ясно излагается суть его учения, также мы получаем возможность заглянуть за кулисы некоторых его встреч с ближайшими учениками. Шокирующие и вместе с тем уникальные и неотразимые комментарии дают новый и неожиданный взгляд на его учение, бросая вызов укоренившимся идеям и способствуя окончательному пробуждению. Книга иллюстрирована сотней прекрасных фотографий, на которых запечатлены Рамана, ашрам и священная гора Аруначала.

Аруначала Шива – этот фильм проявляет важные аспекты жизни и учения Шри Раманы. В фильме представлена подборка ярких моментов из наводящих на размышление комментариев Дэвида Годмана, Рама и Джона Дэвида по наиболее важным текстам Шри Раманы. В него также включены архивные материалы о жизни Шри Раманы, съемки в Рамана Ашраме и, конечно же, прекрасные виды горы Аруначала.

ИЗДАТЕЛЬСТВО «ОТКРЫТОЕ НЕБО»
Тел.: +38 (098) 08 78 443
info@openskypress.com.ua
www.openskypress.com.ua